MAZU

Oh,
My
Goddess!

最強天后

Oh,
My
Goddess!

蚩尤
Chiyou

dala plus 006

最強天后　Oh,
天后　My
Goddess!

作者：蛀尤｜撰文：張家珩｜編輯：洪雅雯｜美術設計：楊啟巽工作室｜企宣：張敏慧、關婷勻｜總編輯：黃健和｜法律顧問：全理法律事務所董安丹律師｜出版：大辣出版股份有限公司｜台北市105南京東路四段25號11F｜www.dalapub.com｜Tel：（02）2718-2698　Fax：（02）2514-8670｜service@dalapub.com｜發行：大塊文化出版股份有限公司｜台北市105南京東路四段25號11F｜www.locuspublishing.com｜Tel：（02）8712-3898　Fax：（02）8712-3897｜讀者服務專線：0800-006689｜郵撥帳號：18955675｜戶名：大塊文化出版股份有限公司｜locus@locuspublishing.com｜台灣地區總經銷：大和書報圖書股份有限公司｜地址：242新北市新莊區五工五路2號｜Tel：（02）8990-2588　Fax：（02）2990-1658｜製版：瑞豐實業股份有限公司｜初版一刷：2016年2月｜定價：新台幣800元｜版權所有‧翻印必究　Printed in Taiwan｜ISBN:978-986-6634-58-1

MA ZU

最強天后

Oh,
My
Goddess!

MAZU

傳說媽祖的生日為農曆三月二十三日，每逢這段
時間，各地的媽祖廟宇被前住祝壽的信眾們擠得
水洩不通，而廟方同時也開始回祖廟進香、祝壽
與遶境的活動，因而有著「三月瘋媽祖」的閩南
話俗語來形容台灣信眾在這段期間的狂熱，各類
慶祝活動就像嘉年華般熱鬧非凡。

繽紛絢麗的活動中，虎爺、土地公、哪吒三太
子、註生娘娘與八仙這些大家所熟悉的神明們都
打扮新潮一同來共襄盛舉；信徒也自發組成各種
陣頭演出，增添光彩。這場傳統與現代融合，並
充滿濃厚台灣氣息的台式嘉年華，鑼鼓喧天，躍
然於紙上。

報馬仔
Pò bé á | Informant

報馬仔

廟會中的報馬仔總是走在隊伍的最前頭，為
的就是探路與報信，常見於媽祖遶境隊伍。
報馬仔除了探路外，遇到沿途有觸犯禁忌
者，需通知避開，並告知信眾準備香案、鞭
炮迎轎。

香條

所謂香條就是指進香活動的告示紙條，貼香
條的目的是要公告給沿途的信眾居民，某月
某日什麼神明廟會活動會經過此地，希望善
信們擺設香案迎接，也就是「路關」會經過
的地方。「路」所指的是整個隊伍所行經的
路線，「關」所代表的則是有交陪的宮廟神
壇等定點。香條張貼的方式，每個「關」需
直貼，「路」則斜貼，而斜貼的方式必須指
向前進的方向，讓有參與遶境的隊伍知道行
進的方向。

開路鼓
Khui lōo kóo | Leader of percussion

開路鼓

開路鼓，顧名思義就是用來開路的鼓陣，位於繞境隊伍的前端。通常開路鼓陣頭也會搭配嗩吶等樂器一起演奏。有時用來開路的開路鼓陣，會使用龐大的大鼓與大鑼，再搭配多支哨角營造出浩大及莊嚴的聲勢，有些則是陣容精巧，利用快速熱鬧的節奏為遶境隊伍開路。

朱雀符

北港朝天宮朱雀平安符令，因貌似朱雀而得名，早期也稱做「鳳雞符」。較為普遍的張貼方式為鳳頭朝下，平安鎮宅之用。

儀仗、執事牌
Gî tiōng, Tsip sū │ Guard of honor

執事是媽祖駕前儀仗隊,由十二面彩牌與廿四支兵器組成。

儀仗最主要的功能也是為了壯大排場、凸顯神明的威儀與尊崇的地位。一般區分為執事牌及兵杖型、圖像型、器物型的杖類器物。執事牌,也稱做神牌、大牌、長腳牌。民間信仰寺廟模仿古代帝王排場而製作,牌上刻有神祇名號、寺廟名稱、「迴避」、「肅靜」、「風調雨順」、「國泰民安」、「天上聖母」,或「奉旨祀典」等字樣。除了用以表示神祇位階、尊稱,同時也可顯示威儀排場,也增添隊伍的規模和莊嚴的氣氛。

另外,兵杖型、圖像型、器物型的杖類器物,是於頂端刻有各種武器、手印、法器、圖像等,數量有十八副、三十六副、七十二副不等。

神童團
Tông á thuân ｜ Tông á group

台灣最早成立的神童團為北港閻山堂神童團。閻山堂原為刻佛仔店，主祀巧聖先師及閻山法
祖，神童為主神旁供其差役的小書僮。閻山堂神童團對外傳授有高雄朝后宮、大甲鎮瀾宮、溪
洲的神童團。

北港朝天宮媽祖及部分地區媽祖遶境時，神童團的主要任務便是走在最前頭帶領遶境隊伍。神
童的造型分為綁一根髮髻的稱做「一童」、二根髮髻的便稱做「二童」。而大甲的神童團，則
稱兩位神童為「招財」、「進寶」。「招財」神童綁一髮髻，著綠衣，右手拿扇，左手拿拂
塵；「進寶」綁二髮髻，著紅衣，右手拿扇，左手拿令旗。不論是何種稱呼的神童團，行進時
都是蹦蹦跳跳，左搖右晃，非常活潑。

彌勒團
Maitreya thuân ｜ Maitreya Buddha group

彌勒團有三尊彌勒佛，又稱「醉彌勒」，構想來自於黃俊雄布袋戲中的「醉彌勒」角色，最早
由北港人士創立，參與北港朝天宮媽祖遶境活動。在陣頭中三尊彌勒配合著這首布袋戲中的歌
曲〈外好汝甘知〉，「人若是心內結歸球，就要喝酒，酌一下，酌一下，好多你甘知……」，
手拿酒瓶、踩著醉步，袒胸露肚、左搖右擺，時不時停下相互乾酒、仰頭而飲，醉態十足，充
滿娛樂效果。

大甲鎮瀾宮媽祖遶境時也能見到彌勒團，同樣是三尊彌勒，分別為「彌勒祖師」、「彌勒古
佛」、「彌勒羅漢」，取其「眾人皆醒，吾獨醉，而人醉心不醉」之意來渡化眾生。

婆姐陣
Po-tsia-tin: The Army of the 12 Bo...

不論是十二婆姐或是三十六婆姐，這幾位婆姐是註生娘娘身邊的好幫手，就像褓姆一樣的存在，分別負責註生、護產、註胎、註男女、監生、送子、抱送、安胎、守胎、養生、轉生、抱子等職責。而民間藝陣中也有祈求母子均安的宗教兼娛樂性陣頭「十二婆姐陣」。「十二婆姐陣」在台灣並不常見到，僅於臺南縣新營、麻豆、六甲、學甲和高雄茄定數團而已。

十二婆姐是指三十六婆姐中的前十二位婆姐，此外，藝陣中尚有婆姐母和婆姐囝兩個腳色，據說婆姐囝因母親改嫁而到處尋找母親身影，婆姐母則跟著出來照顧他。婆姐身穿大紅鳳仙裝，戴白手套，左手撐傘，右手持扇，並戴著婆姐面具沿街遊行。隊伍中婆姐母身穿藍色婦裝，手執拐杖、肩扛黑傘、吊包袱，隨陣追趕、照顧調皮的婆姐囝，表現出生動活潑的氣氛。

West

西方色屬白，五行中屬金。西海有龍王敖順。四大天王中的西
方廣目天王持龍或蛇，代表「順」，其所戴的獸面具為西方聖
獸「白虎」。

頭冠

頭冠的裝飾為廟宇裝飾中常見的「天女散花」和「倒爬獅」。

註生娘娘

Tsù senn niû niû

Goddess of Birth

註生娘娘，是中國閩南、台灣一帶最受尊奉的生育女神，主司掌管婦女的懷孕、生產和孩童平安健康的成長。手執生育簿與筆，仔細記錄家家戶戶子嗣之事。俗稱「註生媽」。

套裝

服裝上則有象徵多子多孫、瓜
瓞綿綿的葡萄、金瓜、苦瓜、
石榴與老鼠題材，加上白胖胖
又可愛的童子們，還有代表嬰
兒性別的紅花、白花。

提包

提包同樣使用象徵多子多孫的
蕉葉和兔子裝飾，皮扣則是釋
迦。

虎爺
Hóo iâ | The Tiger Guardian

虎爺，最早是山神、土地神或城隍爺的座騎，後來因各種不同傳說故事而演變成諸神的座騎，並有守護地區、村莊、城市與廟境之功能。早期兒童時常會在供桌下穿梭玩耍，很容易發現與親近虎爺，因此成為兒童的守護神。同時認為虎爺會咬錢，因此民間也相信虎爺具有招財的能力。

金花
手工紙製金花除了會拿來裝飾於虎爺頭上之外，也常見於牲豚、香爐、醮典金榜、新郎禮帽等。

三腳金蟾蜍
傳說中三足的蟾蜍名叫「金蟾」，每走一步，便能吐一枚銅錢。古人認為金蟾是吉祥之物，可以吸財鎮宅辟邪。

kong ｜ The Earth God

所熟悉的土地公，在不同的聚落裡還有伯公、土地爺等各種稱呼，其形象大
親切的長者。他負責管理所屬境內大小雜事，維持地方安寧平靜，就像親切
土地公在民間信仰中被視為保護神，祭祀他神祭祀大地，不論個人家庭、各行
各業都會希望自己所在的地區能平安無事、人丁興旺。並且土地公的神格較低反而讓信眾多點
祈福、求財、保平安或保農業收成。

套裝

不論是方回紋滾邊、佛手瓜拐杖或壽紋馬鞍，都有著祈求長壽的意義，而腰間的銅錢腰飾則象徵了還有祈求工作環境的穩定，進而財源滾滾來。

竹鹿松鶴

「竹鹿松鶴」取其閩南語諧音為「得祿尚好」。同時，松鶴與竹鹿也有暗寓為仙翁與麻姑，有著祈求「松鶴延年」長壽之意。

千里眼
Tshian lí gán │ Clairvoyance General

千里眼、順風耳為媽祖駕前兩大護法，原本為人間做亂危害世人的妖怪，媽祖將其收伏後，納為駕前部將，發揮祂們的特殊能力一同聞聲救苦庇佑信眾。「千里眼」具有遠眺千里的能力。

獸頭吞口靠肚

「靠」是武將的鎧甲，前片腹步部分為「靠肚」，古代將帥冑甲即以獸面吞口做為裝飾，「吞口」又稱作獸牌、天口等，是辟邪之物，同時也可用以壯大凶猛之氣勢。

光餅

「光餅」也稱作「繼光餅」或「鹹光餅」。相傳在明朝嘉靖年間，戚繼光奉命入福建殲敵倭寇，為求快速作戰，命令士兵用麵粉製成北方的燒餅，以麻繩串起，士兵掛在身上作為行軍乾糧。目前流傳於福建沿海一帶常見的「光餅」。廟會行進中的神將們也會掛上「光餅」做為乾糧，除了會有信眾相求，也會沿路分發給信眾吃平安。

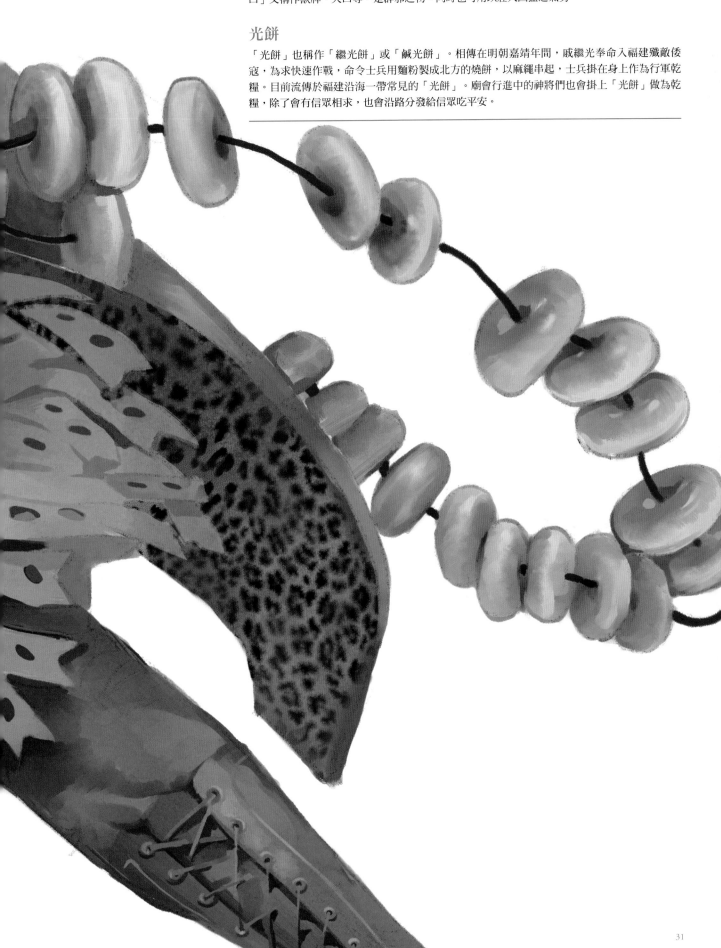

順風耳
Sūn hong ní｜Clairaudient General

「順風耳」具有千里之外聽聲辨位的能力。部分宮廟的千、順將軍臉部有著「點金」，用以表示其身分已成為神將而不再是妖。點金數量不一、解釋各有不同，若點上七點金則代表七星。

鳥

鵂鶹、台灣叢樹鶯、台灣朱雀

蟾蜍吐水刺青

一般人認為流動的水能夠招財，以代表能招財納財的金蟾蜍加上吐水，財上加財。

篙錢

「篙錢」又做「高錢」，黃色長條狀的紙錢，七爺、八爺，或千里眼、順風耳等神將在出巡護駕時即繫於帽下。北港地區在神明出巡時會綁於轎頂，此時也稱做「轎錢」。「篙錢」具有辟邪保平安的功用，沿途若掉落，信徒們通常會爭相拾取，但不可強行拉扯。

鞋

銅錢紋鞋底。

Mazu

媽祖

林默，乳名默娘，宋代時期一位具生於莆田縣湄洲島的女子。從生就不曾哭鬧，遂以「默」為名，彷彿道出沉默來替眾生擔起那悲天憫人的心。

二十九歲得道升天前就有不少助人事蹟，得道後更是神蹟顯靈救苦救難，其大慈大悲的形象也有不斷地顯靈濟世化身，致使因其靈驗事蹟不斷，而一位地方性的神祇受各朝代皇帝褒封多次，其神號也從「夫人」、「妃」、「天妃」，直至「天后」，成為歷代受帝敕封最多的一位女神，有時也尊稱「天上聖母」的簡稱。

對媽祖的信仰，隨著從福建移民而來，以及頻繁海上活動的討海生活裡，存在的高危險性與不確定性，將家園之轉變到對超自然力量的信仰寄託，使之成為台灣最普遍的民間信仰之一。

媽祖以「海上女神」之姿，救苦救難、斬妖除魔，卻又像母親一樣溫暖照應信眾的形象深植人心，若在當代現形，絕對是位溫柔卻又獨立的堅強女性。

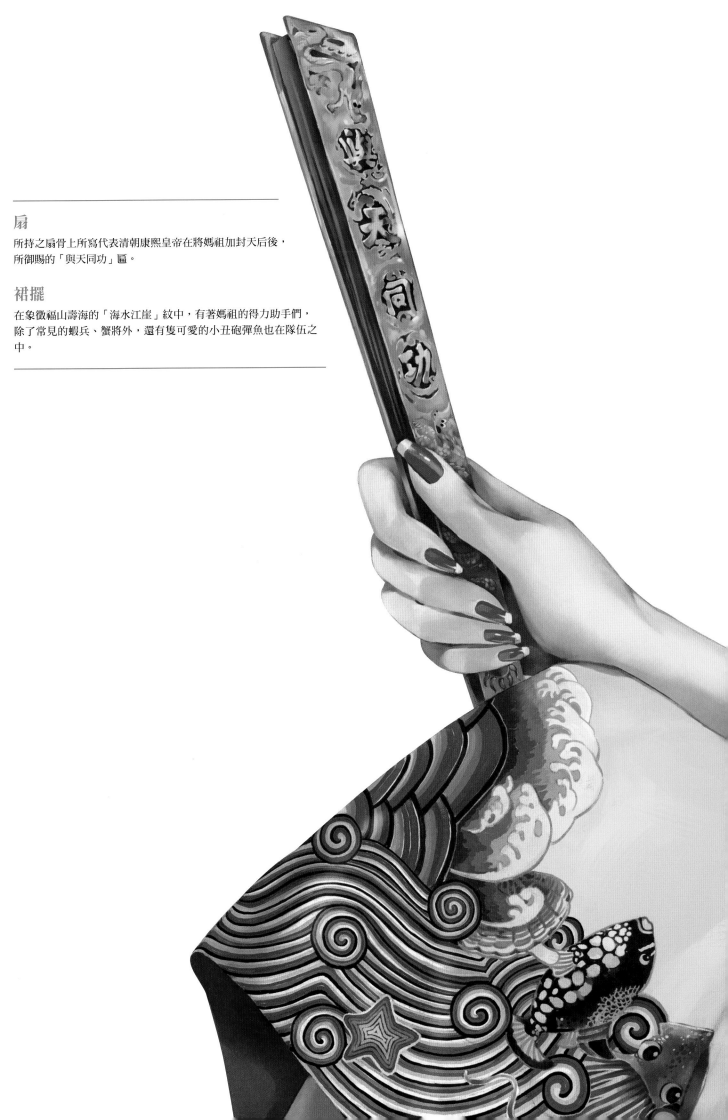

扇

所持之扇骨上所寫代表清朝康熙皇帝在將媽祖加封天后後，
所御賜的「與天同功」匾。

裙擺

在象徵福山壽海的「海水江崖」紋中，有著媽祖的得力助手們，
除了常見的蝦兵、蟹將外，還有隻可愛的小丑砲彈魚也在隊伍之
中。

頭冠

傳說中，媽祖是觀音菩薩的化身，所以在媽祖的頭飾上擺放一尊背負火焰光明光的蓮座觀音；
再搭配傳統廟宇建築中常見的燕尾翹脊和以其水屬性象徵、廟宇用來免於火災祈願的聖獸螭虎，再搭配以碧玉表現的海浪捲紋、瑪瑙珠子、點翠頭面，掛上代表吉祥喜慶的磬牌和鯉魚；
由背面看來還隱約可見也常出現於屋脊中央的財、子、壽三仙。

眼妝、耳環

媽祖的眼裝由螭虎紋、蝙蝠紋與祥雲紋構成，而耳環則是蝴蝶，取其福氣之意。

禮服

服飾上使用的是「百鳥朝鳳」的題材，將台灣特有及常見鳥類，再搭配同樣是台灣特有植物組合成屬於台灣的特有傳統裝飾。

鳥類：環頸雉、帝雉、藍腹鷳、大赤啄木、五色鳥、火冠戴菊鳥、黃山雀、台灣藍鵲、大彎嘴、小彎嘴、黃胸藪眉。

植物：台灣水青岡、山桐子、山櫻花、裡白楤木。

披風
捲草紋與祥雲紋構成蝙蝠圖樣的鳳羽壓紋，共有五片，同時象徵五福（蝠）臨門。

高跟鞋
鞋頭為象徵「賜你所求」的雙獅戲球與捲草紋，鞋跟則分別為直角的硬團及彎曲邊緣的軟團螭虎紋。

日月扇
Jìt guàt sìnn ｜ Sun Fan and Moon Fan

「日月扇」，又稱芭蕉扇，因為扇子背後常會有繡製日月符號，稱為「日月扇」，日月的符號表示陰陽，同時象徵媽祖的威儀與日月同輝，屬於儀仗的一種，都是用做護持神明出巡的排仗陣容、增添莊嚴氣息。

Mid

中央色屬黃，五行中屬土。麒麟與龍、鳳、龜一同稱為四靈。性情溫和，不傷人畜，不踐踏花草，是祥瑞的代表。在四方聖獸中，也有麒麟鎮守中央的說法。

三太子哪吒
Sam thai tsu, Nuo zha

「首帶金輪，三頭九眼八臂，口吐青雲，足踏盤石，手持法律，大喊一聲，雲降雨從，乾坤爍動。」這段是道教經典中對於哪吒的形容。常見的哪吒形象是童子樣，腳踩風火輪、手持火尖槍、配帶乾坤圈及其它威力強大的神器。七歲時便大鬧東海禍及全家，最後太乙真人用蓮藕、荷葉重塑了哪吒的肉身讓祂復活，並在改過向善後立下功勞。因傳說為托塔天王李靖的第三子，因此也被稱做「三太子」，又因統帥廟宇五營兵將的中央，故又稱為「中壇元帥」。

龍鳳獅陣
Liông-hōng sai tīn | Dragon, Phoenix and Lion's Array

龍鳳獅陣起源於位在北港的武館「德義堂」，是台灣獅陣的一種，由人扮成龍、鳳及獅三種舞弄組合而成的藝陣，如今已不多見，除在北港外，高雄茄萣也有此陣。龍鳳獅陣的表演由兩人分別扮演手持「金印」和「龍珠」的「龍」與以雙手套上雙翼做出鼓動之姿的「鳳」，表現出「龍飛鳳舞」的美感。另外再加上三頭舞獅「金獅」、「銀獅」、「綠獅」，與手持寶珠、身手矯健的「獅鬼」逗弄互動，演來熱鬧有趣。

花鼓陣
Hue kóo tīn │ Fancy Drumline

花鼓陣是一種身體隨著鑼鼓節奏而躍動的舞蹈表演，又稱做「跳鼓陣」。表演人數並不固定，手執涼傘、銅鑼、揹著大鼓，隨著拿著頭旗的總指揮，配合鑼鼓的節奏及簡潔有力的吆喝聲屈膝扭步、變換隊形、動感十足。如此活潑熱鬧的花鼓陣，全台灣大小廟會中都有機會見到它的身影。

宋江陣
Sòng kang tīn | Song Jiang Array

宋江陣的陣形，傳說出自小說《水滸傳》宋江攻城所用的
「武陣」，也因此而得名。由各庄頭愛好武術者所組成，
在廟會廣場表演各種武術招式，通常以三十六人、七十二
人為主，甚有以《水滸傳》中三十六天罡與七十二地煞的
一百零八條好漢為陣中角色成陣。演出通常以各項兵器單
打等練排成陣式，稱為「走圈」。
「宋江陣」還融入金獅、白鶴而衍伸出的另外兩陣「金獅
陣」及「白鶴陣」，三者合稱為「宋江三陣」，是台灣南
部鄉村地區常見的武術陣頭。宋江陣以頭旗、雙斧領軍，
「金獅陣」以造型特殊以及南台灣僅有的紅面獅頭帶陣，
「白鶴陣」則由白鶴仙師與白鶴童子為領頭。

藝閣
Yì gé | Traditional Yi-Ge

藝閣又可稱做「裝台閣」，做法是在木座上裝置華麗的樓台亭閣與各式道具，由孩童扮演各種與忠、孝、節、義相關歷史戲齣的人物乘座其上，孩童並向沿途民眾丟灑「平安糖」，於是常見到藝閣周圍擠滿人潮。

早期藝閣由人力扛抬，不論是扛工或是被扛抬的孩童都同樣辛苦。車輛發達後雖可省去人力的負擔，但配上裝扮並長時間坐在藝閣上對孩童來說仍然吃力，使得目前許多藝閣都被電動花車取代，僅在雲林北港和台南部分地區能見到由真人扮演的藝閣。

South

南方色屬赤，方行曰屬火，南方神為朱雀明，四大天王中的南
天王曰天王持劍，配劍主血，古代天子血...日所成的獸面紋為
南方鎮獸「朱雀」

張果老｜驢｜魚鼓·何仙姑｜鹿｜蓮花

藍采和｜獨角獸｜花籃・韓湘子｜牛｜笛子

Pat sian │ 8 Immortals

八仙是中國道教及神話中的八位神仙，分別代表
男女老幼、貧賤富貴八種不同的人群，自古以來
有多種角色搭配。由於八仙均為凡人得道，並且
在得道前就有著多采多姿的凡間故事，所以屬性
與百姓較為親近。他們手持的法器或寶物，也稱
為「八寶」或「暗八仙」，是廟宇裝飾中常見的
圖紋。

八仙彩

八仙代表著不論男女老幼均可富貴祥和，在人間
可以八方圓滿，象徵吉祥瑞兆。「八仙彩」又稱
「八仙綵」，是將八仙與中央的象徵長壽的南極
仙翁以刺繡或彩繪的方式置於暖色的底色上，通
常在喜慶的場合會懸掛，取其「彩」的諧音，除
了希望可以帶來錢財，也希望能有個好彩頭。

排列順序由左至右
1 呂洞賓 馬 寶劍
2 張果老 驢 魚鼓
3 何仙姑 鹿 蓮花
4 李鐵拐 虎 葫蘆
5 曹國舅 象 響板
6 漢鍾離 獅子 芭蕉扇
7 藍采和 獨角獸 花籃
8 韓湘子 牛 笛子

八仙

呂洞賓｜馬｜寶劍

North

北方色屬黑，五行中屬水。北海有龍王敖吉。四大天王中的北方多聞天王執傘，代表「雨」，其所戴的獸面具為北方聖獸「玄武」。

為什麼要畫媽祖？

文｜蚩尤

關於這一幅作品得先從我另一本個人創作《留神之冥》說起，《留神之冥》是講述有關於城隍信仰的畫集，製作這本的動機是來自於對台灣文化符號的疑問與探討，究竟什麼是我們的文化符號？

是語言？

是哪種顏色？

形狀？

或是肢體動作可以表達？

對於從事美術相關的人我想應該都會有跟我一樣的疑慮。

在我大部分的作品裡，討論的主題幾乎都跟這幾個島嶼有關，或許是想探究關於我們自己究竟有甚麼獨特之處？這個地方有什麼樣的故事？基於這個原因所以我不斷的畫關於我們的題材，不斷的挖掘這裡的人、事、物，進而做出只有在這個地方長大的我才能做的事情，藉由這樣的創作方式，試圖找出自己獨一無二的價值。

因此，或許說我的作品都是為了找答案而想畫給自己看似乎也說得通？！當然，我喜愛的事物，也有機會與這個榮幸分享給各位同樂，我感到相當高興。

此次作品我斗膽借用了「媽祖」的名義，借由祂的生日以及慈悲為懷的精神來製作我國的普遍民間信仰與有形、無形傳統藝術的創作。

在2013年就開始企劃製作，抱著初生之犢不畏虎的精神，走訪許多廟宇以及各種國指定的無形文化科儀祭典……拜訪專家，在這個過程中，知道的越多，束縛就越多，於是製作中期就已經迷失了方向，甚至一度無法抓住作品的核心重點。

而在無止盡的退稿迴旋裡，某個下午，呆坐在書櫃面前的我突然醍醐灌頂，腦中閃現的就是這張作品！後來我再想：該不會是媽祖覺得我現在磨夠了……夠資格開始畫這個作品了！所以在我無預警的情況下把靈感灌入我腦中？

有幸得到這個靈感，進行了人生第一次的拼接作品，在這本畫冊裡，無論是技術或是想法上的突破，對我來說都是難能可貴的經驗！

這本書要感謝的人很多，謝宗榮老師、家珩願意承擔這個專案的顧問，讓我這個大外行可以師出有名，也感謝朋友國峰的牽線而認識了北港五媽會的王盟興先生，並讓我多次參與北港媽遶境，獲得深刻的體驗！還有文資局、北藝大舉辦的無形文化資產講座，以及從旁協助我的各界朋友。

最後，謝謝媽祖庇佑，讓我順利的完成有關於祂的一本書！

· 年初的想法，以媽祖坐在中央山脈的構圖，整個
　台灣就是個大鯨魚

· 介紹媽祖本文用的構圖第二版

· 在2013年畫的「三太子·家珩」相當喜歡這張因此之
後的「三太子」插圖都會拿來跟這張比較（收錄於
CCC15眷顧我們的神）

‧大家比較能接受的三太子，背景是用
海浪構成蚌殼形狀的大鬧龍宮圖，不
過最後我還是不滿意

・較早版本的千里眼將軍

・較早版本的順風耳將軍

・花鼓陣因為頭上的金花不適合出現而被打槍

・在台南西港比較常見的水族陣，下方的「太平有象」我改用海象代替

・較早版本的註生娘娘，腳下有十二生肖的小孩

・採用全新拼畫概念的設計圖，架構就是天后事務所

・設計圖細修後的結果

· 設計圖色彩計畫，其實過程是一場顏色的災難

· 沒有用上但可愛的虎爺

我們心中的「最強天后」

文｜張家珩

（阿大，國立臺北藝術大學傳統藝術研究所碩士）

這是一個僅在人世間「天后」、「女神」氾濫的時代，部分現代人對於女神的定義與因宗教崇敬而產生的女神信仰不太一樣。過多各式「女神」與「天后」的產生，漸漸的讓這名詞失去了價值。回頭來看「天后」、「女神」的詞源，在民間信仰的女神中，有一位是真真正正守護著台灣、並在世界各地有著廣大信眾的「最強天后」，祂就是天上聖母——媽祖。

在信仰中，媽祖是救苦救難、如母親一般慈祥、溫暖的化身，但我們想從一個完全不同的角度將媽祖和其它位神明詮釋創作——「幾個世紀以來，虔誠的人們總是將該時代最好的工藝與藝術獻給神明，如果這些神明在現代現身，穿戴著由現代人所供奉充滿設計感的服飾與配件又會是什麼樣子呢？」所以我們具象了媽祖出巡的場面，當人間以熱鬧的陣頭迎媽祖與眾神出來巡境時，由媽祖所領軍的神明大隊則充滿氣勢的在天上俯視人間。

這次與蚩尤合作創作這本《最強天后》的心情是充滿期待的。蚩尤以充滿創意的構想、精緻細膩的畫風精準呈現了每位神明不同的個性、並在個各細節中，加上了許多出現在傳統民俗信仰文化中具有象徵意義的裝飾圖紋、台灣特有種生物等，生動展現了這個島嶼上庇佑眾生的神明們。希望透過這樣的方式，讓更多不同的族群都能了解這個信仰與優美的傳統藝術。

蚩尤為了這個主題，除了得閱讀大量的文獻、圖錄外，還得實地走訪多間廟宇與各類展覽，再加以吸收創作。我們不斷為了素材的呈現方式進行討論，為了讓最後成果是新穎卻又不偏離軌道，時常意見是相左的，過程可說是笑中帶淚，但他勇於面對這樣的挑戰、加上媽祖一路的保祐，最後結成美好豐碩的果實呈現給各位。

同時，我個人私心希望籍由這本創作的出版，讓大家能多多思考傳統元素在現代社會中的各種可能性，碰撞出更多精采的火花。

台灣媽祖形象

——從女仙到慈母到蚩尤畫的媽祖《最強天后》

文｜謝宗榮

（耕研居宗教民俗研究室主持人、輔仁大學進修部宗教系兼任講師）

護國庇民、妙靈昭應、宏仁普濟、福佑群生、誠感咸孚、顯神贊順、垂慈篤佑、安瀾利運、澤覃海宇、恬波宣惠、導流衍慶、靖洋錫祉、恩周德溥、衛漕保泰、振武綏疆、嘉佑天后之神。

長達66字的封號，這是同治11年（1872），清朝皇帝為媽祖最後的敕封，也把媽祖的地位推到了一個前所未有的頂峰。媽祖信仰自宋代在福建莆田、湄洲一帶興起之後，一千多年來已成為閩台地區所普遍崇奉之神祇，其信仰甚至遍及海內外漢人的移民社會。而媽祖的神格也自宋代以來經歷代朝廷予以敕封之後不斷的攀升，終而成為漢人社會中罕見的具有天后神格的鄉土守護神。

明末以來，媽祖信仰也隨著福建移民的大量墾殖而帶進台灣，成為先民的重要海上守護神之一，尤其在清初台灣歸入大清版圖之後，在政治因素的影響之下，更增長了媽祖信仰的擴大發展，各地以媽祖為主神的廟宇也日漸增多，成為台灣民間最主要的崇奉神祇之一。

而以祭祀、迎奉媽祖的信仰活動也十分蓬勃，尤其是在農曆3月23日媽祖聖誕前後，許多媽祖廟紛紛舉行進香、遶境活動來為媽祖祝壽，為信眾賜福，形成台灣獨一無二的盛大「香期」。

隨著「北港媽祖遶境」、「白沙屯媽祖進香」與「大甲媽祖遶境進香」等三大媽祖信仰活動被指定為民俗類國家文化資產，一方面見證了台灣媽祖信仰的興盛，另一方面也使具有在地化特色的媽祖信仰文化成為珍貴的民俗文化資產。

媽祖自成神而受到地方的供奉之後，在道教女神信仰與佛教觀音信仰的影響之下，其形像逐漸兼具有道教脫俗女仙和觀音菩薩慈悲的特徵，再加上歷代皇朝的敕封，以及閩台民眾對於媽祖的情感，使得媽祖的造像亦兼具有帝王與后妃的冠服、儀態，以及台灣民間那種對於母親、祖母慈愛的印象。

媽祖自成神以來在民眾心目中的形像一向是慈悲的，因此與信眾之間的距離也顯得親近，這種人神之間的關係也呈現在信眾對於媽祖的稱呼之上，從早期的娘媽、媽祖、媽祖婆，甚至暱稱「婆仔」，將媽祖視為家中的母親、祖母來看待。為了呈現媽祖在民眾心目中普遍的形象，歷年來匠師們從媽祖的神格、事蹟、神蹟等吸取造像所需要的特質，並結合女神溫婉、端莊的目標，以及觀音菩薩悲憫願力的情懷，共同形塑出目前所見的媽祖造像，也反映出台灣民間心目中的媽祖形象。

天妃、天后

由於媽祖信仰在閩台一帶的崇祀普遍，其信仰在發展過程中與道教和佛教之間具有密切的關連，尤其是民間有普遍將媽祖視為觀音菩薩化身的情形，其神像造形因此而具有閩台民間女性神祇的特殊風格，復又受到閩南觀音造像

的影響，再加上清代官方的敕封與祀典崇祀，使得台灣的媽祖神像在造形上呈現十分獨特的風格與藝術特徵。

台灣所見的媽祖神像，不論在尺寸上或材質上的不同，一般多有相當固定的造形，從面部、冠飾、袍服、持物與座椅等，都反映著媽祖的神格與媽祖在信眾心中的形象。在神像的形貌特色方面，台灣的媽祖神像由於多在清初之後所供奉，因此常見「天后」的造形，而清初之前的「天妃」造形則相當罕見。

天后的媽祖神像造形，一般採坐姿形式端坐於圈背椅或鳳椅之上，身著后級神祇所具有的蟒袍與霞被，頭戴前方九旒的冕冠。雙手則手掌交錯持玉圭（圭簡）於胸前，較著名者如台南祀典大天后宮與鹿耳門天后宮的鎮殿媽祖像，反映出其帝后級神祇的至高無上地位。

這類媽祖造像在衣冠、持物方面的特徵，主要是九旒冕冠，手持圭簡。冕冠為古代帝王的朝冠，圭簡為帝王在祭天時所持的禮器，后妃並未見有這類型制（除了中唐時期稱帝的武后之外），這是將天后視同帝王的尊貴。其次在冕冠兩側靠近耳部之處是以鳳形的帽翅，則是表現女性神祇的特徵。惟古代帝王在祭天時所帶的冕冠為十二旒（配合禮服上的十二章紋），而台灣所見的媽祖像其冕冠前多垂九旒，則是民間以九為尊的習俗，亦可避開與帝王冕冠相同之忌諱。晚近也有宮廟將在媽祖像的冕冠之上作雙層珠旒，並在冠上飾以絨球，以凸顯天后神格之尊貴。

其次，媽祖神像亦有作雙手分持摺扇與手絹造形者，一般為尺寸較大的軟身媽祖像，如鹿港新祖宮、大甲鎮瀾宮的鎮殿媽祖像、台北關渡宮的二媽神像，以及原位於二二八公園之內的清末舊台北府天后宮金面媽祖神像等。再者為媽祖神像作左手持笏板，右手扶於座椅扶手者，或是作右手持如意、左手空手手心朝下而置於座椅扶手之上者，一般為尺寸較小的媽祖像，如鹿港天后宮與新祖宮的開基媽祖像都作持如意造形，這類造形的媽祖像也是台灣最普遍可見者。

媽祖神像造形較為豐富的則是神像的身軀與面部造形，常見有呈現出少婦形貌與中年婦女形貌兩種。少婦造形的媽祖神像，在臉形、身軀上都較為纖瘦，如大甲鎮瀾宮、鹿港新祖宮的鎮殿媽祖神像。而近代迎奉自湄洲祖廟的媽祖神像也多呈現這類樣貌，乃是反映媽祖成神時的年齡。

中年婦女造形的媽祖神像，不論是身軀或臉部都較為豐腴，反映出信眾心目中慈母地位的「媽祖婆」形象，這類媽祖神像的風格多來自於泉州與漳州地區。而不論是纖瘦或豐腴，媽祖的面部神情多作慈眉、垂視的模樣，象徵祂對於信眾的關愛。

金面媽、粉面媽、黑面媽

而神像的面部顏色則是媽祖神像最大的特色之一，在台灣常見的有金面、粉

面和黑面三大類型。金面的媽祖神像主要反映出祂作為天后的神格之尊，民間則認為乃是其升天成神時的形貌，俗稱「金面媽」，常見於清代的官祀媽祖廟中，如台南大天后宮與鹿港新祖宮的鎮殿媽祖神像，而舊台北府天后宮所供奉的媽祖神像，也是金面的造形，現今則供奉於三芝的小基隆福成宮。

粉面的媽祖神像是民間供奉最常見的造形，呈現出媽祖女性與慈母的樣貌，如大甲鎮瀾宮的開基媽祖與鎮殿媽祖像。

而黑面的媽祖神像原為長年接受信眾香煙的薰黑所致，民間因此認為祂的靈力最強，俗稱「黑面媽」，其信仰主要來自於泉州崇武的「三媽」，又稱為「黑面三媽」，嘉義溪北六興宮在民國70年代配合電視劇的演出，使黑面媽祖的聲名一時之間傳遍全台，故近代也有新雕造的媽祖神像就直接採用黑面的造形。

媽祖是台灣民間最受普遍信奉的神祇之一，也是清代主要的祀典神祇。由於信仰之虔誠，信眾多以最精緻的工藝來雕造媽祖之神像，並因應各種場合所需而有不同的供奉型態，都成為台灣民間信仰文化中相當重要的宗教藝術。

而台灣各地所供奉、歷史悠久的媽祖神像，除了反映出媽祖的神格與媽祖在信眾心目中的地位之外，也是台灣本土的重要文化資產。

蚩尤畫筆下的娉婷女仙

青年畫家蚩尤精心繪製的媽祖畫冊《最強天后》，在歷經數月的策劃、編排之下終於要和讀者見面了，筆者有幸搶先欣賞到這幅元素豐富且兼具傳統特色與當代潮流的媽祖畫像。雖然根據蚩尤的一貫畫風以及在策劃的討論過程中，已大略了解蚩尤心目中的意旨，但在欣賞這幅媽祖畫像之後，倒也十分驚嘆於畫中既新潮又具古典美的媽祖形象描繪，尤其是他對於台灣迎媽祖廟會活動的實地觀察，以及媽祖信仰的重要元素，都巧妙的呈現在畫面之中。

除此之外，新潮的千里眼與順風耳將軍，以及四海龍王、註生娘娘、中壇元帥、八仙等民間熟悉的神明，也都一一躍然於紙上。最為難能可貴的是，除了傳統的吉祥紋樣之外，台灣本土許多特有的動、植物也都成為媽祖服飾中的視覺焦點，令人嘆為觀止！

媽祖在島嶼子民人的心目中雖然有一個較為固定的意象，然而隨著時代的推移，媽祖慈悲、親切的面容也發展出Q版、可愛造形的面向，逐漸為當代年輕一輩所接受。蚩尤的媽祖畫像，大膽地排除了一般人所熟悉的傳統造形風格與當代神明可愛風的發展趨勢，以新潮且精緻的畫風走出另一個方向，他讓媽祖重新回到成神時的娉婷女仙、妙齡美女的姿態與容貌，正如觀世音菩薩示現美女像來度化世人一般，在吸引更多年輕讀者的目光之外，也傳達出古代中國女神信仰的重要意象與旨趣。

Oh,
My
Goddess!

MAZU